비그가를 샤워

이아로

여린 나의 심장, 슬픔으로 흠뻑 젖은 베르가못.

저자의 말


적설량이 줄은 것을 보니

겨울이 종말을 앞두고 있나 봐요.

이제 좋아하는 것을 마음껏 해도 될까요.

기껏해야 슬픔이겠지만.

## 슬픔으로 흠뻑 젖은 나의 베르가못

녹색 손바닥은 저항의 향을 풍긴다. 두 손을 비벼 짓이겨 뜨릴수록 낮은 채도의 향이 묵진해진다. 어디에서인가 초록의 향이 난다면 그것은 저를 해치지 말아 달라는 애원. 빌어먹다 손목만 남은 것은 제 푸르름이 침범된 것에 대한 절규를 내지른다. 싱그럽게 갈라지는 손모가지에 코를 박고 숨을 들이마신다. 서서히 멎어 드는 불안이 기괴하게 느껴졌다. 소름이 살갗을 뚫는다. 머리카락의 뿌리부터 잔뜩 예민해지는 기분이 들었다.

손아귀에서 으깨진 엽록소. 손가락 사이사이로 녹색 피가 흥건하다. 질척이는 녹색 장갑을 낀 듯한 손으로 머리를 쓸어 넘기고 마른세수를 한다. 심장보다 높은 곳에서부터 녹색으로 물들어 갔다. 나는, 남아있는 손바닥을 함부로 따서 차를 우려 마시거나 화병에 꽂아 전시할 것이다. 그럼, 그것은 자신이 전부 말라 바스러질 때까지 사력을 다해 저항하겠지. 민트 향이 풍기는

슬픔으로 흠뻑 젖은 나의 베르가못. 너의 울음이 범람한 늪지에서 집착으로 멍든 몸을 씻어내고 싶다. 힘껏 잠들어 영영 깨지
못하도록.

## 세 번째 겨울


흰 계절이 오면 혈류가 코끝으로 흐른다. 푸르게 타오르는 숨. 창밖, 하나둘 추락하는 나무의 살점을 보며 심장 부근의 맹렬한 통증을 느낀다. 얼어붙은 눈물샘에서 겨울의 호흡을 목격한다. 동그랗고 투명한 작은 기포들. 꽁꽁 언 것의 표면을 녹이면 일월에도 눈물을 흘릴 수 있을까. 파랗게 질린 손바닥을 내려다보며 생각했다.

얼음은 얼음이 되려고 언제 마음을 먹게 되는 것일까.\* 불투명하게 팽창해대는 것들 탓에 살갗이 찢긴다. 아마도 그것은 수면 아래로 흐르는 것을 지키기 위한 몸서리. 그 너머로 무엇이 헤엄치고 있는지는, 얼음 저만 알 것이다.

얼음의 알 수 없는 음험한 속을 함부로 침범하고 싶다. 팔뚝을 잘라내는 심정으로 살얼음 낀 속내를 휘휘 저으면 뼈를 찌르는 고통을 느낄 수 있을 텐데. 손가락에 날카로이 엉겨 붙은 것들을 뜨거운 혀로 떼어먹고, 뒤틀리는 속을 전부 게워내면 펑펑. 울 수 있을까.

그저 마음껏 울음을 토해내고 싶다.

앙상한 몸을 웅크려 꽁꽁 언 살냄새를 맡았다. 아랫입술을 씹는데도 짠 기가 없다. 눈물을 흘리지 못한 것들은 결국 얼어 죽을 텐데. 귓바퀴를 타고 노는 냉기를 온전히 느낀다.

아아. 뜨거운 울음으로 눈두덩이를 녹이고 싶어라.

얼음은 팽창하고 나는 수축한다. 점점, 점점.

*신철규, 『지구만큼 슬펐다고 한다』중「뫼비우스의 띠」에서

**울지 못하는 사람의 슬픔은
적막하다.**


"감정은 수도꼭지 같은 거래. 그래서 계속 조금씩 흘려줘야…" 녹이 슬지 않고 동파하지도 않아서, 정말 필요할 때 원하는 만큼 흘려보낼 수 있는 거라고. 네가 말했다. 어쩐지, 너의 눈물샘은 겨울에도 얼지 않았다.

우는 사람의 손바닥은 뜨겁게 팽창하는 붉은색. 두 손을 포개면 갓 태어난 아기새를 쥔 듯 두근두근 작게 박동한다. 온몸의 구석으로 피를 뿜어내며 살아있음을 힘껏 증명한다. 울음은 생명력. 살갗에서 피어오르는 증기로 가장 연약한 곳으로부터 멀리 머얼리 겨울을 밀어낸다.

언젠가, 숨이 넘어가도록 우는 너를 보며 '저것

은 죽으려 우는 것이 아니라 살기 위해 우는 것이다.'라는 생각을 한 적이 있다. 굵은 핏대가 선 모가지로 울음을 토해내던 모습. 너는 마치 심해에서 갓 끌어 올린 사람처럼 힘차게 박동했다. 아주 오랫동안 숨을 참아내다가 크게 터트리던 기분이 어땠을까. 그 순간 너는 삶을 떠올렸을까 죽음을 떠올렸을까. 응급실에서 비척비척 걸어 나오던 너의 모습은 아이러니하게도, 그 근래에 본 것 중 가장 건강한 모습이었다. 안도했다. 용감하게 울어서 외려 다행이라고.

내가 울지 못하는 까닭은 아직 눈물을 터트릴 만큼 슬픔이 축적되지 않은 탓인가. 그럼 얼마나 더 슬퍼야 울 수 있는 거지. 슬픔의 총량은 도대체,

책상에 엎드려 손을 주욱 뻗었다. 그 끝에서부터 흰 눈이 쌓인다. 소복소복. 손끝, 손등과 팔목, 어깨와 목덜미. 가시 돋친 얼음의 결정들이 폭폭 살갗을 찔러 댄다. 피부가 응결되어 고통은 느껴

지지 않았다. 그러나 점점 더 가중되는 무게 탓에 몸을 일으킬 수가 없다. 그대로 책상에 고개를 처박고 눈물 없이 슬픔을 터트린다. 마른 모가지에서는 바람이 갈라지는 소리만 새어 나왔다. 울지 못하는 사람의 슬픔은. 적막하다.

**어느 겨울,
당신은 나의 언니였다.**


관계의 끝이 보일 즈음, 모든 이름을 뒤로하고 당신을 칭할 수 있는 단어는 오직 '언니'뿐이었다. 친구들에게 당신에 대해 이야기를 할 때도, 당신을 부를 때에도 이름으로 칭하는 일은 없었다. 한순간 달라져 버린 우리의 모습이 낯설어서 나름의 거리를 두게 된 탓일까. 그때 차마 부르지 못했던 당신의 이름이 새벽마다 눈물이 되어 턱 끝으로 맺힌다.

당신을 '언니'라고 부를 수밖에 없는 현실이 야속했다. '언니'는 함부로 보고 싶어 할 수도, 그리워할 수도, 닿을 수도 없는 존재였으니까. 그저 먼 발치에 서서 안녕을 바라는 것만이 내가 할 수 있는 전부였다. 밥을 먹었는지, 잠은 잘 잤는지, 회사에서 별일은 없었는지 따위는.

당신의 '이름' 뒤에 붙는 말들은 온통 자랑뿐이었는데, '언니'라는 단어 뒤에 붙일 수 있는 단어들은 온통 사무치는 것들뿐이었다.

슬픔을 해댄 탓에 창에 서리가 끼었다. 옹졸하게 맺혀 나를 관람하는 것들. 슬픔 전시회가 열렸다고 소문이라도 퍼진 건지.

까무룩 먹먹해졌다.

밖에서 보자고 해서 미안해요
살아있는 당신 해골을
오래 관람해서 미안해요

창밖은 부옇고
우린 더 이상 알아볼 수 없으니까

딱 한 번만
만나요

손미, 『사람을 사랑해도 될까』 중, 「전람회」

첫


　　　　　언니의 입술에 처음 맞닿은 날. 나는 언니의 가슴팍에 얼굴을 묻고 엉엉 울었다. 태어나 단 한 번도 살아본 적 없던 이가 처음 살아있음을 느끼고 터트린, 탄생의 눈물. 언니는 흰 손으로 갓 태어난 것의 눈물이 멎을 때까지 다독다독 어르고 달랬다. 꼴이 엉망이었을 텐데. 가느다란 손가락은 우는 턱을 들어 범벅이 된 얼굴을 찬찬히 살폈다. 눈썹과 콧등을 타고 내려와 아랫입술에 닿은 부드러운 시선. 언니는 이내, 젖은 입술 위로 당신의 입술을 포개어 범람하는 눈물을 한 모금 크게 머금어 삼켰다.

　혀에 얽힌 낯선 감각. 놀란 마음에 몸을 뒤로 빼며 숨을 훅, 하고 들이마셨다. 입 안으로 혀를 굴리며 눈을 질끈 감았다. 그것은 숨을 불어넣는 행위였을까. 언니가 쓰던 립스틱의 향이 코끝으로 번졌다.

**파과(破果)**

[명사] 흠집이 난 과실.

추락. 아름다운 것이 철퍽, 하고 으깨진다. 무결하던 것은 부드러운 과육을 드러내며 흥건하게 바닥을 구른다. 끈적끈적 달콤한 냄새를 풍기자 금세 벌레들이 꼬이기 시작한다. 추락하였으나 죽지 않은 것. 여전히 살아 탐스러운 것.

흠뻑 묻어 있는 모래알을 아랑곳 않고 한 입 크게 베어 물고 싶은 충동이 들었다. 나뭇가지에 매달려 무결함을 뽐내던 때 보다 더욱 식욕을 돋우는 까닭은 무엇일까. 파면을 응시하며 생각했다. 턱을 들고 올려다보아야만 눈에 들어오던 것이 가장 여린 부분을 드러낸 채 바닥을 뒹굴어 대는 탓인가. 그것을 응시하는 눈알에도 스멀스멀 벌레가 꼬이는 것 같다.

엄지손톱으로 과육을 짓이기는 상상. 끈적해진 손가락을 혀로 굴려 닦아낸다. 코끝에 단내가 스친다. 배꼽 아래가 저릿해지는 것을 느낀다.

Kristen, come right back.
I've been waiting for you
to slip back in bed.
When you light the candle.

크리스틴, 돌아와 줘.
네가 침대로 돌아오기를 기다리고 있어.
당신이 촛불을 켜줄 그날을.


Cigarettes After Sex, <K.>

## 유리관에 박제된
## 나비의 기분으로


쇠창살 같은 비가 손등에 내리꽂힌다.* 뼈를 뚫는 고통. 난간의 모가지를 억세게 움켜쥔 손. 앙상한 가죽 아래로 퍼런 핏줄이 솟아오른다.

유리관에 박제된 나비의 기분은 어땠을까. 목덜미. 등허리. 안쪽 허벅지 그리고 아킬레스건까지. 낡은 시멘트 바닥에 꽂혀 꿈쩍도 할 수 없다. 뜨거운 선혈이 몸의 곡선을 타고 흐른다. 아아. 이대로 온몸의 불순물을 더럽게 쏟아내고 싶어라. 스멀스멀 침범해오는 무력감에 순종적으로 턱을 내어주었다.

무력감은 턱 아래로 갈고리를 걸어 나의 고개

를 쳐든다. 꿈뻑꿈뻑. 뜬 눈을 하고도 그것의 형태가 보이지 않는다. 아무것도 보이지 않는 것을 보면 이제는 정말 아무런 이유 없이도 무력감을 느끼는 것인가. 마치 습관 같은 어떤 것. 상체를 꺼트리며 가슴을 작게 말아 안았다. 손끝이 무뎌진다. 온몸에 힘이 주욱 빠진다. 동공을 가로지르며 흐르는 한 줄기의 그리움을 꿈 뻑, 떨어트린다.

\* 신철규, 『지구만큼 슬펐다고 한다』 중 「뫼비우스의 띠」에서

## 서울

　　　　　술에 전 귀갓길. 택시 안, 조수석 뒷자리에 앉아 눈을 감고 무중력을 느낀다. 택시의 속도가 빨라질수록 시트에 밀착되는 몸과 뒤로 넘어가는 고개. 뒷목에 간신히 힘을 준 채 고개를 일으켜 서리 낀 창문에 머리를 기댔다. 차갑다. 미세하게 떨리는 손으로 이마를 짚는다. 숨에 섞인 알코올을 골라 천천히 내쉬었다. 살짝 열린 창문 틈 사이를 비집고 들어오는 바람. 그 탓에 알코올 향은 주변을 맴돌지 못하고 금세 흩어진다. 숨을 내쉬고 있는데도 알코올 냄새가 나네. 실없는 생각을 하며 졸음을 쫓아냈다. 그러다 밤공기에 물 내음이 섞여 들어오면, 천천히 눈을 뜨며 오른편으로 틱을 돌린다.

저어 멀리 성수대교. 코끝이 뜨거워진다. 검은 강은 나를 집어삼킬 요량인 건가. 갈비뼈 사이로 손을 집어넣고 두근대는 것을 움켜쥔다. 저항하는 심장은 더 크게 박동한다. 택시 안이 울린다.

물 내음이 섞인 바람과 일렁이는 강. 본래의 색이 보이지 않는 검은 건물들. 웅장함. 시선을 빼앗는 화려한 조명과 다리의 이편에서 저편으로 불꽃을 옮기는 바쁜 사람들. 도시의 소음. 잔잔함. 고요함. 온화함. 보는 이를 압도시키는 황홀함 그리고 아름다움.

언니의 이름 두 글자면 이 모든 것을 쉽게 설명할 수 있다.

서울의 아름다움을 담고 있는 언니의 이름. 아마도 언니의 아버지께서는 이 형용할 수 없는 아름다움에 언니의 이름을 붙이고 싶으셨던 것이 아닐까. 아롱거리는 불빛 하나하나를 살피며 언니의 이름을 작게 불러보았다. 대답이 돌아올 것만 같았다.

"서울에서 버틸 수 있는 이유는, 한강의 야경 덕분이야."

서울에서 처음 생활하기 시작했던 스무 살 중반. 야경 예찬론을 벌이며 술자리마다 친구들에게 했던 말이다. 공강인 월요일을 제외한 모든 요일마다 새벽 다섯에 일어나 두 시간 반 정도 걸리는 거리를 넘어 등교했다. 오후 다섯 시에 강의를 마치면 바로 남부터미널행 버스를 타고 서울로 넘어가, 신사에 있는 펍으로 출근했다. 열두 시에 퇴근해 집으로 돌아가면 한 시가 다 되어가던 시각. 그렇게 서너 시간 정도를 자고 또 등교하며 마지막 학기를 보냈다. 주말마저도 한남동에 있는 화덕 피자집에서 풀타임으로 근무하면서.

점심값 오천 원이 아까워 매 끼니를 삼각김밥

으로 때웠다. 숨을 쉴 때마다 느끼는 초라함에 몸보다 마음이 끝도 없이 야위어 갔다. 어째서인지 돈을 벌고 있음에도 더욱 빈곤해지는 듯한 기분. 생각만 많아지는 머리가 무거웠던 탓인지, 항상 고개를 바닥에 처박고 걸었다. 지쳐 있었다. 누구 못지않게 열심히 살고 있음에도 살아있지 않은 사람을 대하듯 자신을 대했다.

    그랬던 내가 고개를 들어 무언가를 바라보았던 유일한 순간은 출퇴근길, 3호선으로 압구정역에서 옥수역으로 향하는 동호대교 위를 지날 때뿐이었다. 한강의 일렁이는 불빛들이 마음의 모서리를 비출 때에야 그늘진 곳을 들여다볼 수 있었으니까. 힘듦. 외로움. 고독. 초라함. 삶에 대한 작은 의지. 끈질긴 희망. 도시의 불꽃을 바라보는 일은 내면의 불꽃을 바라보는 일이었으리라. 숱한 위로를 뒤로한 채 유일하게 와 닿던 온기에 얼어 붙어 있던 표정이 저항 없이 무너져 내렸다.

"그래서 내가 언니를 좋아할 수밖에 없나 봐. 언니는 서울을 품고 있으니까." 잘 익은 블루베리를 집어 먹으며 언니에게 말했다. 맞은편, 맥주 캔 입구 부분을 티슈로 닦던 언니는 나를 보며 어쩔 수 없다는 듯 예쁘게 웃었다.

그래. 내가 서울에서 버틸 수 있었던 이유는 전부,
서울을 담은 아름다운 덕분이었다고.

**언니도 몰랐던 거겠지.
우리가 이렇게 될 줄은.**


"미워하려고 해도 도저히 미워지지가 않아."

사람을 미워하려면 어떻게 해야 하는 건지. 알 수 없었다. 누군가를 애정하는 일에 비해 미움은 이렇게나 힘들고 버거운 일이구나. 미움이든 애정이든, 모든 것이 언니에게 향하는 것이 애석할 뿐이었다. 테이블 위에는 새끼손가락만 한 감자튀김이 나뒹군다. 소매에는 이미 굳은 케첩이, 손아귀에는 먼저 질식한 플라스틱 포크. 몸은 한쪽으로 크게 치우쳐져 금방이라도 테이블 아래로 떨어질 듯한 꼴이었다. 앞 머리칼을 움켜쥔 채 술기운에 몽롱한 두 눈을 꿈-뻑 뜨며, 천천히 천천히 숨을 골라냈다. 묵진한 알코올 향이 났다.

"나는 항상 궁금했어.
숨을 내쉬는데 왜 알코올 향이 나지?"

실없이 웃으며 허공을 쳐댔다. "언니한테 말해주고 싶어- 숨을 내쉬는데도 알코올 향이 난다고." 주먹을 가볍게 쥔 손을 코끝에 가져다 댄 채 푸후, 깊이 숨을 내쉬었다. 머리가 핑 돌았다.

언니와 술을 마셨던 그날도, "언니 이거 봐. 숨을 내쉬는데 알코올 냄새가 난다?" 눈을 크게 뜨며 숨을 내쉬었다. 언니는 적당히 장단을 맞춰주며 미적지근하게 그러나 다정하게, "그러네?"라고 대답했다. 언니의 심드렁함에 아랑곳 않고 "그치 그치? 신기하지?" 하며 호들갑을 떨었던 때가 있는데. 곁에서 반응을 해주는 언니가 없으니 알코올이 역류하는 듯한 이 숨이. 재미없다.

냉기를 머금은 손으로 한쪽 뺨을 감싸 쥐었다.

테이블 위로 무너졌다. 명치에 차가운 것이 닿았다.

"연락하고 싶어."
"지랄 마."
"내 연락을 기다릴 수도 있잖아."
"그 누나가?"

절반밖에 떠지지 않는 눈을 천천히 위로 굴려 맞은편에 앉은 너를 바라보았다. 불만이 가득한지 미간이 잔뜩 찌푸려져 있다.

"그만해. 그 정도면 오래 했어."
너는 말없이 내 맥주잔에 소주를 채웠다.

그 말을 듣자마자 배꼽에서부터 뜨거운 열기가 치고 올라왔다. 미간까지. 터져 오르는 것을 견디지 못한 모가지는 그대로 고꾸라져 테이블에 머리를 처박았다. 딸꾹질하듯 눈물을 삼켰다.

간신히 어깨를 일으켜 얼굴을 감싸 쥐었다. 입술을 베어 먹을 듯 콰악 물고 딸꾹질을 참았다. 나의 전부를 언니에게 배웠는데, 그중 하나 배우지 못한 것이 있다면 소리 내어 우는 법. 그래. 전부를 알려줬는데 이거 하나 알려주지 않은 거라면 언니도 몰랐던 거겠지. 우리가 이렇게, 이렇게. 될 줄은.

목구멍에 걸린 눈물이 도저히 삼켜지지가 않았다.
딸꾹, 딸꾹.

## 슬픔의 수조에서


그리움을 꾸는 날이면 유독 아침이 두렵게 느껴졌다. 잠에서 깬 후에 느껴지는 상실감과 슬픔 그리고 애달픔. 오늘로써 몇 번째 이별을 맞이하는 것인지 도무지 헤아릴 수가 없다. 다만 하나 기쁜 것은, 불투명한 장막으로 가려져 있던 언니의 얼굴이 꿈에서만큼은 너무나 선명했다는 것. 그래서인지 그리움이 현실의 그 무엇보다 사실처럼 느껴졌다.

사실 절망뿐인 이곳이 악몽이었던 것은 아닐까. 나쁜 꿈을 너무 자주 꾼 탓에 악몽의 모든 것을 감각하게 되어버린 거라고 믿고 싶었다. 이곳에서 곧 깨어나게 될 거라고.

언니와 나는 그리움 속에서 펑펑 울었다. 그

눈물이 현실로 범람해버리는 탓에 나의 방은 슬픔의 수조가 되었다. 힘차게 헤엄치는 기억과 추억, 미련과 집착들. 다만, 나는 아가미가 없어서 호흡할 수 없었다. 내가 물고기였다면 잠이 든 채로도 숨을 쉴 수 있었을 텐데. 슬펐다. 눈을 꿈뻑 뜨자 눈물샘의 배수로로 모든 눈물이 빠져나갔다. 모든 것이 빨려 들어가고 덩그러니 젖어 있는 나. 아무것도 없는 방에서, 무색하고 무향한 이곳에서. 나만이.

젖은 몸으로 냉기가 느껴졌다. 양어깨를 감싸쥐며 몸을 작게 말아 안았다.
나는 여기에 살아있어요. 살아있어 언니.

재워줘 나를.
깨어나지 못하게.
깊이 잠들 수 있게.
아침을 볼 수 없게.

재워줘 나를.
내가 날 볼 수 없게.
엉망인 날 숨기게.
숨길수록 서럽게.
아무도 나를 묻지 않는 이 밤.
아무도 나를 묻지 않는.



정준일, <IAN>

## 굳은살


양손을 가볍게 말아 쥐고 손가락 모퉁이의 굳은살을 들여다보았다. 엄지로 틱 틱 벗겨내려 하자 서걱거리는 소리가 났다. 숱했던 불안과 과거의 슬픔을 증명하는 단단한 껍질들. 여린 살덩어리는 고통의 기억을 끌어안은 채 경화되었다. '굳은살이 박이면 괜찮아지는 것이 아니었나.' 엄지손가락을 혀로 녹이며 생각했다.

배겨 있는 것은 고통의 흔적이자 상징. 이 단단한 것 아래에는 단 한 번도 상처받지 않은 것들이 자리해 있다. 고통의 기억을 모르는 여린 살을 감각하기 위해 손톱으로 꾸욱 꾹. 저릿한 통증을 느낀다. 이제는 굳은살이 박이기 전으로는 돌아갈 수 없다. 벗겨내면 벗겨낼수록 억세게 재생하는 것들. 거부하면 더욱 두텁고 단단해질 뿐이다.

 굳은살의 뿌리를 뽑아내려 하면 피가 났다. 꼭, 그러지 말라고 심장이 우는 것 같았다. 그 시간을 잊어서는 안 된다고 얘기하고 싶은 것일까. 붉게 드러난 속살이 절규했다. 그럼, 너를 가만히 내버려 두면 다시 부드러워질 수 있을까. 억지로 떼어내려 하지 않으면 다시 연약한 살로. 그렇다면 그것은 불안을 외면해야 하는 일인지 참아내야 하는 일인지. 말을 할 수 없는 것들이 시험하는 문제는 항상 어렵다.

 심장이 엉엉 울어도 손끝으로 뻗어 나오는 피는 고작 한 방울뿐. 열 손가락의 불안을 전부 뜯어내고 싶다. 나를 대신해서라도 더 세게 울기를 바라며.

**익사할지도 모른다는 생각에**
**기분이 조금 나아졌다.**


 악몽. 그리고 아침. 이마에 맺힌 베르가못을 아무렇게나 닦아냈다. 심장이 뻐근했다. 나쁜 꿈으로부터 멀리 달아난 심장은 큰 피로감을 호소한다. 이불을 끌어당겨 태아처럼 몸을 웅크렸다. 고막을 두드리는 박동 탓에 허공이 울렸다. 지끈거리는 관자놀이. 귀를 틀어막고 짧은 숨을 들이마셨다. 그리고 흑, 흑, 흑 나누어 뱉는다. 공기가 갈라지는 소리가 났다.

 언젠가, 뒤통수로 차오르는 오염수에 검은 금붕어를 키우고 싶다는 생각을 한 적이 있다. 하지만 그 말을 들은 누군가는 "오염수에서는 금붕어를 키울 수 없어."라고 말했다. 금방 죽는다고 그랬던가. 나에게 물고기의 사정 같은 건 중요하지 않았다. 그저 머릿속을 유영하며 잡념을 뜯어 먹어 주기를 바랐을 뿐이지. 구석에 박혀 뻐끔거리는 나를 내려다보는 이 방의 마음도 그러려나. 턱 밑에 심어두었던 복숭아 씨앗이 단단해지는 것을 느꼈다. 비가 오려나 보다.

    이 방은 슬픔의 농도가 짙어 금방 침수될 텐데. 그대로 익사할지도 모른다는 생각에 기분이 조금 나아졌다.

## 그리움 물


　　　　방에 웅크려 누워 그 누구도 나에게 강제하지 않은 형량을 채워나갔다. 직선으로 떨어지는 조명 아래, 심판을 기다리는 고전 연극의 한 인물처럼.

가끔 목을 축이기 위해 침대에서 일어나는 것이 일과의 전부였다. 컵과 물을 항상 머리맡에 두었으니 크게 움직일 필요도 없었다. 물을 마시기 전에 컵을 따로 헹구지는 않는다. 밤새 가라앉은 그리움을 곁들여 마시는 것을 즐겼으니까. 컵의 입구를 잡고 두어 번 휘휘 돌리면 물과 그리움이 금세 융화된다. 그리움이 섞인 물은 보통의 물보다 농도가 진해서 마시고 나면 소화될 때까지 오도카니 앉아 한동안 기다려야 한다. 마신 것들이다 내려갈 때까지.

 그리움 물이 식도를 타고 내려가는 동안 생각했다. 한 모금 물도 이렇게 서서히 서서히 삼켜져 내려가는데, 그리움뿐인 언니의 기억은 전부 소화되기까지 얼마나 걸리려나. 고통의 기억만이라도 먼저 소화할 수는 없는 것일까. 하긴. 이제는 전부 한데에 섞여 무엇이 고통이었고 행복이었는지 구분할 수가 없다. 전부, 그리움.

 컵을 내려두고 이마를 감싸 쥐었다. 손바닥이 푸석했다.

**환지통**
**: 소실된 신체에서 느껴지는 통증.**


　　　　　쏟아지는 바늘이 우산을 뚫고 푸욱 푹 살갗을 찌른다. 빗물에 섞여 흐르는 피. 무참히 찢겨나간 자리에서 소실된 세포의 고통이 느껴졌다. 허공을 향해 무형의 팔을 휘저었다. 용암처럼 들끓는 슬픔. 슬픔이 지나가는 자리마다 검붉은 그을음이 남는다.

　언젠가 외로운 두 발 동물의 기원에 대해 들은 적이 있다. 인간의 힘을 두려워했던 신이, 두 쌍의 팔과 다리를 가진 육체의 한 가운데를 번갯불로 갈라버렸다는 이야기였다. 그래서 인간은 나약하고 외로우며, 평생 자신의 반쪽을 찾아 헤맬 수밖에 없는 것이라고 했다. 되찾은 반쪽과 이별을 하는 것은, 다시금 둘로 찢어지는 고통을 감내해야만 하는 일이라고. 언니가 거세게 뜯겨 나간 부위를 바라보았다. 왠지, 상처가 오래도록 아물지 않을 것 같다.

    절단면에서 알 수 없는 기시감을 느꼈다. 반쪽짜리 심장. 반쪽짜리 폐. 반쪽짜리 몸통과 팔다리. 소실된 고막에서는 언니의 울음이 들렸다. 귓속이 들끓어 오른다. 귓바퀴를 타고 흐르는 검붉은 잿물. 차라리 모든 신경을 끊어 감각을 무력화하고 싶다. 살아있는 것조차 느낄 수 없도록.

"But I could wear by your expression.
하지만 당신에게서 난 이것만은 알 수 있었어.
That the pain dawn in tour soul
당신 영혼 깊은 곳의 고통은
was the same as the one down in mine.
내 깊은 곳과 같다는 걸.

That's the pain, Cuts a straight line
down through the heart.
심장을 반으로 가르는듯한 그 고통

We called it,      "
우리는 그것을 ... 이라 부르지.


뮤지컬 Hedwig ost, &lt;The Origin OF Love&gt;

## 강


 강물은 다시 흐르기 시작한다. 넘실거리는 얼음 조각들이 서로 몸을 부딪치며 더 작은 조각으로 깨어진다. 불투명한 물비늘이 눈부시게 반짝인다. 질끈 눈을 감았다.

 겨우내 침전되어 있던 것들이 호면으로 떠오르기 시작한다. 슬픔. 강과 함께 흘러갈 비통한 것들. 나태한 애도에 빠질까 봐 봄의 몫을 남겨둔 것일까. 그럴 리가 없는데. 강은 흐르는 게 일이라서 흐르지 않는 것들의 마음을 알 수 없다.

 풍덩, 손끝으로 강의 맥박을 끊고 싶다. 몸을 던져 멀리 헤엄을. 물의 조각이 사방으로 튈 때마다 강은 첨벙거리며 비명을 지른다. 그리고 몸에 힘을 빼고 가라앉는 상상. 헤어 나올 수 없는 슬픔의 중력에 압도당한다. 아래로, 아래로. 심해에 가까워질수록 위장이 부풀어 오른다. 더는 슬픔을 먹을 자리가 없다.

    강.
    슬픔이 너의 사명이라면
    나는 네가 되고 싶다.

수영을 한다
내가 찔러서 물이 아프다

발전소에서 솟구치는 수증기처럼
나는 나를 밖으로 빼내려 해 보았다
그런 연습만 하는 하루도 있었다



손미,『사람을 사랑해도 될까』중,
「물의 이름」에서

**투명의 영역**

 슬픔에 잠긴 방. 숨을 들이마실 때마다 입과 코로 들이차는 슬픔 탓에 입천장 뒤로 매운맛이 느껴졌다. 호흡하기 위해 아가미가 필요하다. 손톱으로 목덜미를 쥐어뜯어 아가미를 만들 수 있다면 얼마나 좋을까.

 울컥거리는 폐에서 슬픔이 쏟아져 나왔다. 슬픔의 색은 투명색이었다.

 3초마다 고독의 이유를 잊었다. 이곳에 왜 갇혀 지내는 건지, 그러면서도 왜 벗어나려 하는 건지. 꿈뻑꿈뻑. 잊은 것을 떠올리기 위한 노력을 할 마음이 들지 않았다.

 방 안을 부유하며 수조 밖의 세상을 관망했다.

자그맣게 내려다보이는 사람들과 멀리서 메아리치는 목소리. 불빛을 번쩍이는 차들, 아파트 사이로 부딪히는 바람. 이곳과 저곳의 공기 농도가 달라서 나는 저곳에 머무를 수 없을 것이라고 생각했다. 몇 달을 가로막힌 공간 안에 머무르며 조금의 산소와 소량의 음식으로만 전전했다. 내가 갈 수 없듯 그 누구도 침범할 수 없는 이곳, 투명의 영역 안에서.

## 슬픔의 오명

슬픔이란, 한 계절 철새가 목을 축이는 쉼터. 잘 가꾸어 둔 식물원. 곧게 뻗은 줄기에서 울창한 곁가지들이 자라났다. 농도 짙은 슬픔은 혈관으로 힘껏 수분을 공급한다. 말라비틀어져 있던 심장이 붉은 생기를 되찾는다. 그늘막 아래에서 고독이 노닌다. 평온한 비극. 사람은 왜 짐승의 노랫말을 울음이라고 부를까. 나는 덫에 걸린 짐승처럼 몸을 비틀며 울부짖었다.

아아,
이제 그만 슬픔의 오명을 벗겨내고 싶다.
나는 짐승들과 함께 춤을 춘다.

**어깨에 떨어진 머리카락을
떼며 웃었다.**


　　　　　마지막 순간, 언니는 내 어깨에 떨어진 머리카락을 떼어주며 웃었다. 언제나처럼.

　"내가 강아지를 키우는 건지 사람을 키우는 건지 모르겠어."라고 말하며 나를 귀엽게 바라보던 언젠가의 눈동자가 여전했다. 많은 것이 달라진 와중에 변하지 않은 것도 있다는 사실이 어린 마음에 큰 위로가 됐다.
　언니는 후련해 보였다. 덕분에 나도 마음이 조금 누그러졌다. 우리가 결정한 이별이 오판이 아닐지도 모른다는 생각에 조금의 다행을 느꼈다. 하지만 동시에 다시 좋았던 때로 돌아갈 수 있을 것만 같아서, 이별하기로 한 결정한 것을 후회하게 될까 봐 두려웠다. 이 생각을 단념하기까지 얼마나 많은 인정을 겪어야 했는지. 모른다.

생각보다 가까웠던 우리의 육체적 거리. 몸을 돌려 언니를 바라보았다.

"언니. 나 보고 싶으면 언제든 연락해요. 꼭." 언니의 옷깃을 붙잡으며 말했다.

"그게 뭐야." 언니는 눈썹을 찡그리며 말도 안 된다는 표정으로 예쁘게 웃었다. 얼마 만에 보는 웃는 모습이었을까. 기쁜 마음에 덩달아 웃음이 났다.

이별을 하니까 우리가 웃는다. 이 사실이 마음이 저미도록 아팠다.
이제부터 드는 미련은 날카로운 욕심일 뿐이다.
욕심. 생각을 곱씹었더니 혀끝에서 비릿한 맛이 났다.

마지막 순간까지도 너는 나를 위로했지.
하지만 모르고 있는 듯 해.
뭐가 날 이렇게도 슬프게 하는지.
혼자 남겨질 그날들보다
잊혀질 날들이 눈물겹다.
너를 가질 수 없는 것보다
나를 줄 수 없음이 아프다.


넬, <slip away>

## 그리움


　　　　　미숙한 솜씨로는 그 아름다움을 온전히 그려낼 수 없다. 필압을 얼마나 줘야 하는지, 어디에 점을 찍고 선을 그어야 하는지. 암을 얼마나 쌓고 명을 얼마나 남겨두어야 하는지. 방법을 잃고 말았다. 앙상한 손목은 몸에 밴 그 무엇도 기억해내지 못한다. 언니를 그리워하던 근육이 점점 쇠퇴해간다. 해가 진다.

　작년 겨울에 비해 적설량이 줄어들었다. 겨울의 종말이 오려나.

　잠시 절망을 한 후, 다시 고민해야겠다.

　세계의 슬픔을 담고 있던 수조를 뒤집어 하늘을 덮었다.

　울음이 쏟아진다.

# fade away

우리는 열병에 걸려 시름시름 앓다가,
철퍽. 으깨졌다.

 서로가 하는 걱정은 독이 되었다. 독에 중독된 우리의 피부는 창백한 색. 그 푸르뎅뎅한 살갗 아래로 비추어 보이는 보라색 핏줄에는 독이 흐를까. 턱을 괸 채 동맥이 흐르는 손목을 응시했다.

 서로를 살리고자 했던 마음이 끝내 숨통을 조른다는 게, 비참했다. 점점 멀어지는 희망. 희망이 싸구려였던 탓인지 노력하면 할수록 절망에 가까워졌다. 절망으로 가는 지름길을 다지기 위해 우리는 마주하고, 마주하고, 또 마주하는 것인가. 어차피 도착할 곳이 절망이라면 차라리 절망보다 먼저 절망에 닿아 있고 싶다.

　가능성 없는 희망에 더는 기대하지 않겠다고 결심하며 새벽을 지새웠다. 하지만 결심이란 비루한 것. 밀물에 모래성이 쓰러지듯, 해가 뜰 때마다 무너지고 무너졌다. 결심을 하는 데에도 노력이 필요하다니. 그냥 절망이 될 걸 그랬다.

밤하늘의 별들도 서로 닿을 수 없는 슬픔에 떠는데
세상에 흩어진 우린 별과 별처럼 멀리 있어.
노래하던 새들이 어딘가로 사라질 때
이유도 없이 가슴 한구석은 검게 멍들고
어둠이 내릴 무렵 그리움이 밀려들면
기억나지 않는 돌아갈 곳을 떠올리곤 해.


자우림, \<fade away\>

### 갈비뼈

　　　　우리는 서로의 갈비뼈가 되었다. 붕괴한 세계를 재건축하기 위한 철골. 척추뼈 사이사이마다 손가락을 끼워 기울어진 마음이 무너지지 않도록 지탱했다.

　"네가 나의 폐허를 보고 도망가버리면 어떡하지?"

　언젠가 언니는 내면의 가장 초라한 곳, 녹이 슬어 진창이 된 마음에 대하여 말한 적이 있다. 도망. 그것을 단순한 기우라고 하기에는 퍼렇게 살얼음 낀 동공이 너무 불안해 보였다. 언젠가 겪어본 적 있는 공포감에 압도당한 눈빛. 언니가 숨을 들이마시자 빈 몸이 터엉 텅 하고 울렸다. 달아나는 뒷모습을 목격하던 심정이 어땠을까. 성급한 구둣발에 무참히 짓밟혔던 마음은 괜찮아졌는지, 알고 싶었다.

　심장과 가장 가까운 존재가 되는 것은, 심장에 가장 무해한 것이 되어야 한다는 뜻이기도 하다. 하지만 대부분은 그 결심을 지키지 못한 채 가장 유해한 존재가 되고는 한다. 어떤 이는 연인의 심장이 차갑게 식어버릴 때까지 방치하거나 핏덩이를 험하게 꺼내어 씹어 먹기도 한다. 이상식성. 우리는 이 모든 말로를 알면서도, 애써 외면하고 또 다른 타인에게 갈비뼈의 자리를 허락하고 만다.
　사람은 자신에게 상처를 줄 사람을 고르기 위해 신중을 기한다. 어쩌면 내 심장을 떼어 입에 넣어주고 싶은 그런 사람을 찾는 것일지도 모르고. 나도 마찬가지로, 언니라면 내 심장을 떼어먹어도 좋다고 생각했다. 언니의 식성을 파악하기도 전에.

## 좋아하는 후회




 너는 정면을 응시한 채 무미건조하게 물었다.

 "그 언니 만난 거 후회하지는 않아?"

 후회. 언니와 후회가 어울리는 단어였던가. 턱을 돌려 신호등의 붉은 빛이 스쳐 지나가는 옆얼굴을 응시했다. 스피커에서는 애절한 목소리의, 그냥 아무 말이나 해달라는 가사의 곡이 흘러나온다. 핸들이 돌아가는 방향대로 몸이 기울었다. 후회, 음절마다 바람 새는 소리가 나는 단어. 후회를 곱씹어보았다.

 "후회라고 하기에는…" 좋아하는 것들이 너무

많다.

　겨울을 품은 음성. 심연을 담아내던 눈동자. 말끝을 늘어트리던 습관과 가끔 나오던 심드렁한 말투. 우리 함께 하루를 정리하며 마셨던 맥주와 들었던 음악. 주변 사람을 챙기는 다정함. 불의에 분노할 줄 아는 대범함. 뿌리던 향수와 진한 화장, 부끄러워 숨기던 민낯. 낮게 묶은 머리 그리고 푼 머리. 비슷한 온도. 같은 결.

　더 이상 나열하는 것에 무슨 의미가 있을까. 그냥 조금 더 그리워질 뿐이지. 차창을 열어 신선한 공기를 크게 들이마셨다. 혀끝에서는 쓴맛이 났다. 언니를 후회할 리가, 없지.

목소리 듣고 싶으니까
오늘 뭐 했는지 말해봐.

(…)
목소리 듣고 싶으니까
그냥 아무 말이나 해줘.
예전처럼 웃으면서
내 이름 불러줘.


권진아, <오늘 뭐 했는지 말해봐>

## 떠나는 이의 마음은

　　　　　나의 산소통. 숨을 쉴 수 있었던 유일한 공간. 눈을 뜨면 비척비척 옥탑으로 걸어 나가 의자에서 종일 시간을 보내고는 했다. 도시의 소음을 듣다가, 바람을 맞다가, 햇볕을 쬐다가. 또 어떤 날은 바닥에 누워 잠을 청하기도 했다. 슬픔에 젖은 몸이 금세 말랐다.

　그리움이 뒤섞인 먼지를 쓸고 도피처였던 테이블과 의자를 정리했다. 중간중간 난간에 기대어 호흡을 정돈하며 마음을 추슬렀다. 2년에 한 번씩 옮겨오던 거처를 때가 되어 옮기는 것일 뿐인데, 중요한 것을 유기하는 듯한 기분이 들어 가슴이 뻐근했다. 그대로 바닥에 주저앉아 머리칼을 쓸어 넘겼다. 정말이지 유난스럽다.

언젠가 친구와의 술자리에서, "내가 떠나는 사람의 입장이라면, 남겨질 사람을 최대한 칼같이 끊어주는 게 도리라고 생각해."라고 말 한 적이 있다. 마음을 먹었으면, 악인이 된다 해도 단번에 베어야지. 어쭙잖은 애정을 품고 휘두르면 그 절단면이 진창이 될 뿐이라고 생각했다. 연민에서 비롯된 다정한 문장들은 듣는 이에게 책임이나 족쇄가 되어 남는다. 그가 오롯이 슬픔과 원망만 할 수 있도록 내버려 두는 것이 마땅한 내 몫이 아닐까. 하지만 마음에 맺히는 이 감정은 무엇인가. 두려움.

결국 먼저 도려내야 하는 것은 내 몸의 절반이었다는 것이,

덜컥, 떠나는 사람의 마음을 실감하게 되는 순간.

슬픔이 난간을 넘어 폭포수처럼 쏟아진다. 고개를 쳐들고 숨을 뻐끔거렸다.

**심장이 뛸 때마다 언니의 향이 났다.**


 침대를 들어내고야 보이는 선물 박스. 양손으로 쥐기에 적당한 사이즈였다. 주변에는 죽은 머리칼과 먼지 더미가 엉켜 있다. 그것을 보고 시간의 흐름을 실감했다. 상자의 겉면을 손으로 대충 털어내고 뚜껑을 열었다. 가지런히 정돈된 편지 뭉텅이. 손에 쥐어 본 그것은 한 움큼. 묵직했다.

 언니는 나에게 편지를 쓸 때마다 자신이 쓰는 향수를 뿌려 밀봉했다. 그래서 편지를 열기도 전에 후각적인 자극이 먼저 닿고는 했다. 음, 그 향을 어떻게 묘사할 수 있을까. 누군가가 언니의 아름다움을 목격하게 된다면 아무런 설명 없이도 그 향을 이해하게 될 텐데. 이미 바랜 편지지에서 미미하게 향이 났다.

편지 뭉텅이를 손에 쥐고 한참을 고민했다. 표면의 질감을 손끝으로 느끼다가, 뜯긴 밀봉 씰을 어루만지다가. 괜히 양손으로 쥐어 보았다가 내려놓아 보았다가. 읽고 싶어서 안절부절못했다. 하지만 이 욕구를 참지 못하고 봉투를 열어버린다면 언니를 잊고자 견뎌온 시간이 수포가 되겠지. 어금니를 세게 앙다무니 저작근이 단단하게 뭉쳐졌다. 편지는 읽지 않는다. 다만 버리기 전에 마지막으로,

한 장의 편지 봉투를 집어 들었다.

편지를 움켜쥔 손 그대로 코끝에 가져다 댔다. 호옵, 깊은숨을 들이마셨다. 긴장한 호흡이 크게 진동했다. 미미하지만 충분히 느껴지는 향. 마치 중력에 빨려 들어가는 듯 심장이 쿵. 떨어졌다. 애틋함의 무게 탓에 지반이 무너지면 어떻게 해야 하지. 상체를 서서히 무너트리며 편지를 움켜쥔 손으로 심장을 꽈악 끌어안았다.

애지중지 보물상자에 넣어 보관하던 것이 함부로 구겨졌다.

슬픔. 그러나 흐르지 않는 눈물.

심장이 뛸 때마다 언니의 향이 났다.

Blow away like smoke in air.
How can you die carelessly?

공기 속에 연기처럼 날아가 버려.
어떻게 넌 무심하게 사라져 버릴 수 있어?

Our love is six feet under.
I can't help but wonder.
If our grave was watered by the rain,
Would roses bloom?
Could roses bloom?

우리의 (…)은 죽었어.
궁금한 건 어쩔 수 없어.
우리의 무덤이 비에 젖는다면,
장미가 피어날까?
피어날 수 있을까?

Billie Eillish, <Six Feet Under>

## 슬픔을 부유하는 유목이 되어

 텅,

 바람은 비어버린 가슴 한편을 관통하고 지나간다. 무엇으로든 채울 수 있는 공간을 그 무엇으로도 채울 수가 없다. 채워지고 나서야 알 수 있는 결핍이 있다는데 빈 가슴이 무엇의 자리가 될지 궁금했다.

 "언니를 만나기 이전에, 나는 무엇이 그리운 줄도 모르면서 무언가 그리워서 울었어요. 그런데, 그게 다 언니를 만나려고 그랬던 건가 봐요."

 밖에는 비가 내리고 우리는 술에 취했다. 블루투스 스피커에서 흘러나오는 음악을 가만가만 듣다가 건넨 마음이었다. 그동안 겪었던 고독이나 외로움, 절망과 슬픔 따위의 것들이 전부 납득이 되던 순간들. 언니를 만나고 나서야 비로소 살아있다는 것의 의미를 알게 되었다. 살아온 시간에 비하면. 그리고 살아갈 시간에 비하면 아주 잠시의 시간일 테지만, 흑백의 무성영화 같았던 세상에 쏟아진 생동감을 어떻게 잊을 수 있을까. 언니가 결핍된 지금, 슬픔을 부유하는 유목이 되어 적막을 노닌다.

이 결핍을 어떻게 다시 메울 수 있을까.
완전히 상실되어버린 이것을.

## 장마철

　　　　　이른 장마가 찾아왔다. 사람들은 얼굴에 먹구름을 이고 다닌다. 금방이라도 왈칵 쏟아낼 듯한 표정들. 축 처진 어깨와 질질 끄는 걸음걸이가 물을 잔뜩 머금어 육중해진 솜인형 같다. 저 사람의 먹구름은 무엇으로 가득 찼을까. 또 저 사람의 먹구름은. 안에 든 것이 눈이 되어 내릴지 비가 되어 내릴지, 닥치지 않고서야 모를 것들을 상상하며 꿉꿉한 시간을 허비했다.

　언니와 나는 한 번의 장마를 채 넘기지 못하고 이별했다. 서로 부딪히면 뇌성이 울렸다. 온 힘이 방전되어버렸던 탓에 며칠을 앓아누워야 했다. 쏟아진 마음을 다 추스르지도 못한 채 우리는 만났고, 또 만났다. 어리숙한 내가 제발 나를 놓지 말아 달라고 응석을 부렸던 탓이다. 하지만 입에서는 왜 그렇게 못된 말만 튀어나왔던 것일까. 돌아오는 대답을 견뎌 본 적도 없으면서.

"그럼, 왜 헤어지자고 하지 않아요?

내 입에서 헤어지자는 말이 나오기를 기다리는 거예요?

아니면 내가 더 확실한 잘못을 하기를 원해요?"

"나는 헤어지고 싶지 않아요."

우르릉 우르릉. 서로의 미간에서 뇌성이 터진다.

곧, 번쩍. 하고 모든 것이 방전될 테지.

Oh baby you don't leave me it is too late.
Was it real you said it's love you don't come back?

우리의 짧은 순간들이 영원할 수 있게
함께 하는 모든 것은 너무 아름다워.
안돼 내게서 멀어지지 마.
희미해 지지마.
누구보다 잘 알고 있잖아.
나의 상태를.

TAEK, <상태>

## 부서진 나의 갈비뼈




　　　　　갈비뼈가 부서졌다. 사방으로 튄 뼛조각이 몸 안을 돌아다닌다. 조각이 박힌 곳에 또 다른 뼈가 자라날까, 기립할 수 없는 몸이 나뒹굴었다.

　힘없이 추욱 늘어진 손바닥. 그 지문을 따라 천천히 눈알을 굴렸다. 깊이 패인 곳에는 시선이 오래 머물렀고, 얕게 패인 곳에는 시선을 짧게 머물렀다. 의미도 쓸모도 없이 자신을 방치하는 시간. 존재의 무의미함을 느꼈다.

　누군가는 나의 이별을 보고 해방이라고 했다. 그 뜻을 이해하기가 어려웠다. 이것은 유기가 아니었던가. 혹은 유실. 내가 무엇으로부터 억압받

앉고 어떤 자유를 얻은 건지 도무지 알 수가 없다. 가려진 암막 커튼 사이를 비집고 들어오는 창백한 빛. 달의 파편이 얼굴로 쏟아진다. 질끈. 그 어떤 것도 알고 싶지 않을 뿐이다.

**그는 나에게 말을 배웠다.**

벽에 기대어 지냈다. 앙상한 몸 하나 지탱하지 못하고 비척대는 팔과 다리. 내내 비가 온 탓에 벽이 축축했다.

어디에서 인가 인기척 없는 목소리가 들려왔다. "괜찮아." 어눌한 말솜씨 탓인지, 괜찮다는 그 말이 위로인지 질문인지 알 수 없었다. 낯선 목소리의 출처로 고개를 돌리니, 코끝에 벽이 닿았다.

우리는 등을 맞대고 술을 마셨다. 어느 날은 맥주, 어느 날은 소주. 싸구려 보드카를 마시거나 이 것저것 섞어 마시기도 했다. 그는 자주 나의 안부를 물었는데, 바로 곁에 있는 나를 그리워하다가 갑자기 화를 내거나 슬퍼하는 둥, 알 수 없는 행동을 반복했다. 그 모습이 안쓰러워 보였다. 표현할 줄 아는 것이 그것뿐인 것 같아서. 그래서 나는 가만히 벽에 기대어 그가 진정을 찾을 때까지 온기를 나누고는 했다. 그러다, 앉은 자세 그대로 잠이 들었다 깨기만을 몇 번. 일주일이 금세 지나갔다.

그는 웃는 법을 모른다. 질문마다 "엉엉."하며 우는 소리만 낼 뿐. 마치 슬픔에만 슬픔으로 대답할 줄 아는 것처럼, 아는 감정이 꼭 슬픔뿐인 것처럼 굴었다. 이 외딴 방에서 그는 누구에게 슬픔의 말을 배웠을까. 나뿐인 이곳에서 누구에게.

아나요. 얼마나 힘겨운지.
침묵이 무엇을 말하는지.
힘겨운 새벽, 아침이 밝아올 때쯤이면
조금 나아지겠죠.
하루, 또 하루가 지나가고
이 겨울이 지나가면 익숙해질 수 있을까요.
아득하기만 한 그대의 따스한 손길
쉽게 잊지는 못할 겁니다. 아마도.



정준일, <겨울>

## 슬플 때 떠오르는 사람

"언니는 기쁠 때랑 슬플 때 중에, 내가 언제 더 떠오를 것 같아요?"

언니는 잠시 생각하다, 어렵지 않게 대답했다.

나는 언니의 대답에 옅게 미소 지으며, "나도 그래요." 하고 답했다.

슬플 때 떠오르는 사람. 나는 그 의미를 좋아한다. 자주 분노하고 자주 슬픔을 느끼게 되는 이 시대에, 내 슬픔의 깊이를 헤아릴 수 있는 사람이 있다는 사실은 근사한 일이니까. 그것은 곧, 슬픔을 느끼는 순간만큼은 외롭지 않아도 된다는 뜻이지 않을까. 되도록 슬픔을 느끼지 않는 편이 좋을 테지만.

언니와 나는 하나의 심장을 공유하는 듯했다. 같은 결의 슬픔을 가진 사람을 만나는 행운을 내가 또 겪을 수 있을까. 자신이 없다. 와중에 슬픈 사실 하나. 나의 슬픔은 언니의 슬픔에 비해 너무 얕았다는 것이다. 같은 결의 슬픔이라고 해서 그 깊이마저 같은 것은 아니니까. 제아무리 슬픔에 허우적거려도 고작 언니의 발목 언저리에서 물장구를 칠 뿐이었다는 사실이 부끄럽다. 나는 외롭지 않았지만, 언니는 외로웠을 것이다.

한번은 언니의 슬픔을 함부로 가늠해보았다. 철렁. 틈 사이로 엿본 슬픔이 먹을 갈아 놓은 듯 검었다. 휩쓸려 떠내려갈지도 모른다는 위화감. 안에 무엇이 헤엄치고 있는지 알 수 없다는 두려움. 그 검은 바다에 감히 손을 뻗을 수도, 발을 내디딜 수도 없었다. 나는 언니의 슬픔 앞에서 주저하는 겁쟁이일 뿐이었다. 자연의 현상 앞에 무력해지는 한낱 인간처럼.

내 슬픔이 얕아서
미안했어요.

　창밖에서 들려오는 빗소리를 들으며 상념에 빠졌다. 슬퍼져서 언니가 떠올랐다. 어쩌면 언니를 생각하기 위해 슬픔을 했을지도 모른다. 슬픔에 절어 있는 이 순간만큼은 언니도, 내가 언니를 떠올리는 것에 그저 고개를 끄덕이며 수긍을 해 줄 테니까. 어디에서 인가 "나도 그래."라는 음성이 들리는 듯하다.

　여전히 슬퍼서 언니를 생각한다. 대신, 슬픔의 구석구석을 가꾸고 다듬으며 다른 감정이 자라나지 않도록 심혈을 기울인다. 슬픔이 슬픔일 수 있도록. 언니를 떠올린대도 덜컥 심장이 뛰어버리지 않도록.

　언니. 언젠가 나의 슬픔을 관람해 줘요.

그거, 겪어 보니까 별거 아니었다고 얘기해 줘요.

**소매에 일어난 보풀을
떼어내며 생각했다.**


바다가 이름을 부르면 그 품으로 걸어 들어갈 심산이었다. 쏴아아- 쏴아. 웅장한 파도 앞에서 이 심장은 겨울 스웨터에 핀 보풀 즈음 될까. 소매에 보기 싫게 일어난 보풀을 떼어내며 생각했다. 바다가 숨을 고른다. 햇볕에 모래사장이 노릇노릇하게 익는다. 발끝을 파묻고 앉아 바다의 부름을 기다렸다. 감감무소식. 손가락 끝으로 헤아린 모래알의 개수만 해도 옥탑에서 보던 아파트 창문의 개수보다 많았다. 그사이에 바다는 점점 멀어져간다. 저들끼리 몸을 부딪치며 엎치락뒤치락 댈 뿐 나의 사정에는 아무런 관심이 없다. 나의 보잘것없음에 기뻐해야 할지 슬퍼해야 할지, 도무지 알 수 없었다. 웃는 법을 몰라서 대신 울었다.

망망대해를 응시했다. 들이치는 썰물에 상념들이 함께 휩쓸려 나갔다. 파도가 떠난 자리에서 짠맛이 났다. 입술을 앙다문 채 고개를 떨궜다.

Did hurt you so bad, did I?
Did you see the sun in the other sky?

These two words aren't alike but seem alike in dawn.
That makes me both high and blue again.



고갱, <midnight blue>

**잠든 손끝을 빌려주세요.**

　　　　모든 사물이 잠든 밤. 방 한구석을 밝히는 과묵한 조명. 전구 색 빛의 온기에 기대어 서리 내린 고독을 녹인다. 의자에 비스듬히 걸터앉아 고개를 젖히고, 포개진 두 손으로 부풀어 오르다 금세 꺼지는 숨을 감각한다. 눈을 감고 들숨과 날숨을 하나둘 골라낸다. 세워 둔 한쪽 무릎이 휘청이다 스러진다. 손은 제 자리를 찾아간다. 이내, 잠이 든다.

　악몽을 피해 달아난 곳에는 항상 언니가 있었다. 새벽 몇 시가 되었든, 어디에 있든, 그런 것 따위는 중요치 않았다. 언젠가 발작하듯 잠에서 깨던 날. 이불 안으로 발가락 하나까지 잔뜩 웅크린 채 언니에게 메시지를 보냈다. "언니. 자요?" 새벽

세 시가 다 되어가던 시간. 여태 깨어있을 리 없다고 생각하던 순간 전화가 걸려 왔다. 언니는 잘 말려둔 라일락 같은 음성으로 말했다.

"아직 잠들지 않은 거야, 못 한 거야?"

잔뜩 겁을 먹은 나의 엄지손가락은 "무서운 꿈을 꿔서 깼어요." 어리광을 부렸다.

"아로야 괜찮아. 그건 그냥 꿈일 뿐이야."
아로야. 괜찮아. 그건 그냥 꿈일 뿐이니까.

이윽고, 심장이 제 자리를 찾는다. 마치 언니가 곁에 오기라도 한 것처럼.

창문을 다 가린 암막 커튼 탓에 아무런 형태도 보이지 않았다. 심지어 그 커다랗던 두려움마저도. 어금니를 드러내던 악몽은 금세 잊고 그림자 속으로 용감히 손을 뻗는다. 왠지 언니에게 닿을 수 있을 것만 같다는 착각 때문이었다. 곤히 잠들어 있는 작은 등의 온기가 느껴진다. 손가락으로 척추의 곡선을 따라 걸었다. 문득, 언니가 유독 추위에 약한 이유는 언니의 품이 너무나 따뜻하기 때문은 아닐까, 하는 생각이 들었다. 그게 아니라면 아무도 모르게 한 줌씩 언니의 온기를 숨겨 온 나의 탓일지도 모르겠다. 살짝 오므려 쥔 손에 나의 손을 포갰다. 언니의 손끝에서 기분 좋은 냉기가 느껴졌다.

새근거리는 숨소리에 맞춰 호흡을 정돈하며 겁먹은 심장을 다독였다. 언니와 닿아 있는 곳에 모든 신경을 그러모은다. 그럼, 다시 잠드는 일이 두렵지 않다. 악몽을 꾼다고 해도 곁에 언니가 있을 테니.

"그건 그냥 꿈일 뿐이야."라는 한 마디를 건네기 위해 언니는 얼마나 많은 악몽을 견뎌야 했을까. 아니면 혹시, 여전히 견뎌내는 중일까. 언니를 괴롭게 하던 불면은 조금이나마 사그라들었는지 알고 싶다. "괜찮아."라는 음성에 담겨있던 농축된 두려움. 그 말은, 나에게 투영된 자신을 위해 하는 말이었을지도 모른다는 생각이 들었다.

    나는 언니에게 잠든 손끝을 빌려줄 수 있는 사람이었을까. 잠든 손끝을.

    두 손을 오므려 피멍울이 진 손가락을 보았다. 중간중간 이가 나간 손톱과 까슬까슬 굳은살이 일어나 핀 가시들. 이렇게나 초라한 모양새라니. 입술 사이에 엄지손가락을 넣고 톱니 같은 손톱을 잘근잘근 씹었다. 틱 틱 틱, 시간이 흐르는 소리가 났다.

**학습된 고통은
두려움의 대상이 될 수 없다.**


"요즘 병원은 다녀?"

운전석의 네가 대충 질문을 건넸다.

"아니."

창밖을 내다보던 나도 대충 대답했다.

너는 정면을 응시한 채 도대체 왜 약을 먹지 않는 거냐고 물었다. 순수한 궁금증이었다. 그야, 조금만 기다리면 괜찮아질 테니까. 이미 학습된 고통은 두려움의 대상으로 여기지 않았다.

심장의 통증을 느끼며 지낸 지 벌써 4년이 되

어간다. 불규칙한 장소와 때에 아무렇게나 찾아오는 고통. 예전 같았다면 벌써 약을 찾아 먹었겠지만, 지금은. 견딘다. 약에 취해 잠드는 것보다 그냥 참아내는 것이 더 살아있는 것처럼 느껴지니까. 그러다 반복되는 고통에 뇌가 의연해지기 시작했는지, 빈도수가 점점 줄어들고 있다. 분명 긍정적인 현상이지만 달갑지 않은 이 기분. 아아, 이제 무엇으로 확인해야 하지. 살아있다는 것을.

    하나의 유흥거리가 사라져간다.
    심장에 싫증을 느꼈다.

## 더 이상 슬픔이 아닌 것으로

　　　　나태한 주말. 비에 젖은 흙냄새가 나던 날이었다. 시원하게 들려오던 빗소리 덕분에 유난히 기분 좋은 하루를 맞이했었다. 느지막이 일어난 언니와 나는 주욱 기지개를 켰다. 손을 더듬어 서로를 찾았고, 끌어안았다. 함께 침실을 벗어났다.

　점심이 다 되어가는 시간임에도 세상이 먹먹했다. 우리는 테이블 위로 떨어지는 작은 조명만 켜둔 채 캡슐 커피를 내려 마셨다. 채도 낮은 붉은색 머그잔과 짙은 녹색의 머그잔. 크리스마스 느낌이 물씬 나던 한 쌍의 잔이었다. 겨울을 닮은 언니와 잘 어울렸던, 언니가 가장 아꼈던 잔.

우리는 영화를 보거나 드라마를 보는 일보다 음악을 들으며 대화를 나누는 것을 즐겼다. 나는 우리가 나누는 대화를 좋아했다. 살아온 얘기, 살아가는 얘기. 가치관에 대한 것들이나 개인의 신념에 대한 것들. 그 중, 언니의 감성을 듣는 것은 마치 한 편의 시를 듣는 것처럼 느껴졌다. 마음을 저리게 하기도, 먹먹하게 하거나 뭉그러지게도 하는. 혹은 나를 대신하여 울어주던. 그 분위기를 오롯이 담아낼 문장이 있다면 좋을 텐데. 내가 시인이었다면, 언니의 아름다움을 적는 데에 일생을 탕진하고 말았을 것이다.

문득, 한 구절의 시가 떠오른다.

멈춘 것들이 좋아져서 슬펐다
나를 슬프게 해줘서 좋았다고, 실은 편지를 썼어요
아무리 볼을 꼬집어도 살아지지 않는 사람에게
분명한 것은 우리가 사람이기를 조심스러워해야
한다는 거겠죠
라는 말을 들었다


문학동네시인선 기념 티저 시집
『너의 아름다움이 온통 글이 될까 봐』중
오병량, 「편지의 공원」

## 남겨진 사람




오랜만에 온 반가운 연락. 연기학원을 다녔던 때 나를 담임했던 선생님, 서은의 GV 사회에 초대받게 되었다. 장소는 건국 대학교 내의 예술문화관. "그러엄. 당연히 가야지." 한차례 숨을 고르고 답장을 보냈다. 예측 가능한 긴장감이 목덜미를 타고 척추를 쓸어내린다. 의식적으로 피해 다녔던 그곳을, 적절한 사유로 몇 년 만에 다시 방문하게 되었다.

적막을 깨고 "다음 정류장은 건대 입구-"라는 안내방송이 들려왔다. 숨을 크게 들이쉬며 폐 부근에 자리한 긴장감을 밀어내려 애썼다. 승강장에 발을 내딛는 것이 이렇게 큰 용기가 필요한 일이었던가. 지반이 흔들린다.

익숙한 곳을 피해 일부러 기억이 없는 곳으로 발걸음을 옮겼다. 낯선 골목, 낯선 가로등, 낯선 공원과 낯선 카페. 과하게 무언가를 의식하고 있다는 것쯤은 산만한 동공이 주절주절 늘어놓고 있다. 생각해보면 건대에 방문했던 기억이 그렇게 많지는 않다. 하지만 처음 만났던 곳도, 처음 포옹한 곳도, 가끔 산책을 나왔던 곳도, 마라탕을 먹으러 굳이 찾아온 곳도. 연인에게 첫 크리스마스 선물을 받았던 곳도 다 건대였으니 이 먹먹함을 납득할 수밖에.

그때 거닐었던 우리의 발자국은 이미 수많은 인파에 밟혀 죽었을 것이다. 이리 밟히고 저리 밟혀, 터지고 찢겨 사지가 너덜난 채로. 하지만 그 꼴을 목격하는 것이 살아있는 발자국을 목격하는 것보다 나은 일일 테지. 공기 중으로 피어오르는 푸른 아지랑이에서 알 수 없는 절규의 맛이 느껴진다.

심장이 먹먹하다. 언니가 여전히 그곳에서 지내는지는 알 수 없지만, 우리의 거리가 성큼 가까워졌다는 것이 살갗으로 느껴졌다. 따뜻한 커피를 손에 쥐고도 덜덜 떨리는 두 손. 긴장이 녹지 않는다. 이른 겨울이 온 듯 빙하의 숨을 내쉬었다.

언니는 집안 곳곳에 배인 나의 발자국을 지우느라 얼마나 자주 무릎을 꿇어야 했을까. 어쩌면 그것을 녹여내기 위해 두 손으로 전부 담아낼 수 없을 만큼의 눈물을 흘렸을지도 모른다. 혀끝이 텁텁하다. 이별을 고하는 사람의 눈물에서는 무슨 맛이 날까. 미적지근한 라떼 한 모금으로 마른 혀를 헹궜다.

아아. 무미한 탄식이 새어 나온다. 왜 이제야 알았을까. 홀로 남겨진 것은 언니였다는 것을. 몇 년 전에 떠나온 그곳을 떠올리며 조금씩 무너져 내렸다. 붕괴된 얼굴을 양손으로 감싸 쥔 채 서서히, 서서히.

**나는 언니의 슬픔에
방해만 되는 것 같다.
슬픔은 언니의 차지인데. 그렇지.**\*


"그때 왜 나를 안아주지 않았어?"

흠뻑 젖은 언니의 질문을 한 모금 크게 욱여 삼켰다. 원망과 슬픔, 초라함과 비통함이 전부 뒤엉킨 시선. 울컥. 명치에서 절망이 들끓고 위장은 역류했다. 삼키지 말았어야 할 것을 삼켜버린 것에 대한 대가인가. 차오르는 숨을 꾸역꾸역 짓누르며 절망이 새어 나오는 입술을 힘주어 닦아냈다.

"미안해."

나의 걱정이 언니의 슬픔에 방해가 될 거라 여겼다. 슬픔은 언니의 차지였으니까. 어쩌면, 멋대로 단정 지은 오판이 우리 사이를 크게 엇나가게 했을지도 모른다. 그리고 또 어쩌면, 그것은 오판이 아니었을지도 모른다. 그렇게 일찍이 엇갈려버린 우리는 양 끝점, 서로의 모서리로 행선지를 바꾸게 되었다.

내내 이별을 두려워하던 언니가 더 이상 이별을 두려워하지 않는 듯 보였던 순간이 있다. 자신을 잃지 않기 위해 힘껏 용기를 내던 모습. 내가 어떻게 원망을 할 수 있을까. 도망쳐온 적막과 고독. 그 검은 속내를 알면서도 다시 제 발로 성큼 걸어 들어가야 하는 일을 종용한 게 나인데.

얼마나 힘에 겨웠을까. 가로등 아래에서 하염없이 무너지던 언니가 눈앞에 아른거린다. 손가락으로 눈알을 움켜쥐어도, 세계를 암전시켜도 아무런 소용이 없다.

시간이 오래 지난 후, 케케묵은 옷장에 심장을 걸어 둔 채 무기력한 안식을 느낀다.

언니. 나의 모서리에는 무엇이 있던가요. 들을

수 없는 질문을 허공에 툭 내려놓으며.

\* 이아로, 『사랑이 창백할 수도 있지』 중 「슬픔은 언니의 차지야」에서

아무도 너를 구할 수 없어.
어둡고 작은 방에서 넌 우두커니
너를 바라보는 어둠을 바라보았지.
누구의 체온으로도
단단한 너의 외로움 녹일 수 없어.
언제나 너의 마음 안엔
바람이 이네.



김윤아, <독>

**어는 혀**




언니의 혀는 푸른색. 그 혀로 발음하는 모든 것들은 얼어붙었다. 봄이 와 얼음이 녹으면 저것들은 펄쩍 살아 움직일까 그대로 죽어버릴까. 입 안으로 혀를 굴리며 심심한 상상을 했다.

꽁꽁 얼어붙은 세계를 거닐며 정교하게 깎인 조각들을 관람했다. 살갗으로부터 발산되는 온기 탓에 조금 동떨어져 걸어야 했다. 옷깃을 움켜쥐면 온기가 새어 나가는 것을 막을 수 있을까. 목도리를 칭칭 둘러보지만 아무런 소용이 없었다. 몸이 움츠러든다. 왜 나는 얼음이 될 수 없나. 언니가 조금 야속하게 느껴졌다.

언니마저 작품이 된 이 세계에서 나만이 살아

움직인다. 이것은 형벌일까 구제일까. 멍하니 언니를 바라보다 바닥에 주저앉았다. 언니는 이 겨울을 만드느라 목구멍이 다 얼어버렸구나. 그래서 항상 밥을 대신해 따뜻한 커피로 끼니를 때워야 했던 거겠지. 먹먹함. 고개를 파묻고 무릎에 눈물을 먹였다. 언니를 힘들게 한 것은 나인데 차라리 내 이름을 부르지 그랬어요. 얼어서 죽을 수 있게.

 반짝반짝. 얼음들이 빛을 머금고 나를 응시했다. 눈이 부셨다.
 감정의 빙결점. 어는 혀. 푸르뎅뎅해지는 얼굴.

"그녀의 흐느껴 울던 소리가 기억 속에서 되살아났다.
그런 것을 떠올리고 싶지는 않았다.
하지만 이런저런 일이 완전히 잊혀진 후에도
이상하게도 그 여자는 잊혀지지가 않았다."


이치카와 준, 무라카미 하루키,
영화『토니 타키타니』

## 녹색 심장이 무르익는 계절

　　　　　　겨울. 녹색 심장이 무르익는 계절. 잘 익은 심장을 한 입 베어 물면 어떤 맛이 날까. 팔을 베고 누워, 곁에 잠든 언니의 박동을 들으며 생각했다.

　혀의 뿌리 부근에서 저릿한 식욕이 돋는다. 태어나 이렇게까지 무언가를 탐해본 적이 있었나. 뼛가죽이 앙상하게 드러난 갈비뼈가 무색하게 느껴졌다. 납작한 손바닥으로 가슴 부근을 꾸욱 누르며 두근거리는 것을 감각해보았다. 그래, 이 부근에 심장이 있었지. 그리고 여기에는 췌장이. 사지의 끝으로 힘껏 피를 뿜어내는 동맥의 운동이 생생하게 느껴졌다. 호흡이 커지고 몸이 달아올랐다. 숨을 내쉴 때마다 폐 깊숙한 곳으로부터 불투명한 증기가 뿜어져 나온다. 상기된 두 뺨을 어루만지며 호흡을 정돈했다. 잠든 언니의 머리칼을 조심스럽게 쓸어 넘겼다.

어떤 맛이 날까. 언니의 심장에서는.

Spell

　　　　하늘하늘 떨어지는 눈꽃송이가 언니의 광대뼈에 앉아 예쁜 보조개를 피웠다. 손가락으로 폭 찔러보고 싶다는 생각이 들었다. 말갛게 언니를 바라보자 언니는 장갑을 낀 손으로 나의 뺨을 감싸 쥔다. 온기에 기댄 채 눈을 감으면 곧 입술에 따뜻한 것이 닿았다. 붉은 동백잎을 닮았던, 그 입술. 나는 눈이 내리는 날을 좋아했다.

"아로야."

언니가, 아로야, 하고 불렀다.

겨울을 닮아 건조하고도 포근했던 음성. 언니의 입에서 나오는 나의 이름은 특별히 근사하게 들렸다. 하나 신기했던 것은, 이름이 불리는 것 만으로도 나 스스로가 괜찮은 사람인 듯 느껴졌다는 것이다. 마치, 어떤 마법에 걸리기라도 한 것처럼.

그 주문의 효과는, '아무런 걱정하지 않아도 돼. 결국에는 다 괜찮아질 테니까.'였다. 언니의 곁에 있으면 불안이나 우울, 궁핍이나 초라함 그리고 가난함. 내 숨을 옥죄던 모든 것이 더는 위협을 가하지 못했었다. 내가 나인 것 만으로도 충만하게 했던 사람인데, 이 겨울이 끝난다고 해서 잊을 수 있을까.

내가, 언니를.


턱을 괴고 창밖을 바라보았다.
펄-펄 눈꽃송이가 흐드러진다.

**이렇게 작은 크기의 방조차
기적으로 채울 수 없다는 게,
슬펐다.**


쨍그랑쨍그랑.

눈이 쌓이는 소리가 들렸다. 눈 결정의 모서리들이 부딪히며 내는 소리. 그 탓에 신경이 곤두섰다. 날카로운 소리에 고막이 베인다. 뒤통수부터 뻗어 나오는 두통이 뇌를 푸욱 푹 찔렀다. 눈이 멎기는 할까, 겨울의 절정인데. 머리끝까지 이불을 뒤집어쓴 채 겨울이 잠잠해지기를 기다렸다.

고작 사람 한 명 누울 수 있을 만큼의 방. 그곳에서 초라한 겨울을 보냈다. 방의 중심에 자리한 거대한 냉기는 나를 연민하지 않는다. 점점 구석으로 밀려나는 따뜻한 살덩어리. 몸의 온기가 미미해서 이렇게 작은 크기의 방조차 기적으로 채울 수 없다는 게, 슬펐다.

    이불 밖으로 삐져나온 발가락에 눈이 쌓였다. 발끝을 오므려 쌓인 눈을 털어낸다. 플리스 재킷과 두꺼운 후드티, 기모 안감으로 된 추리닝 바지와 수면양말 그리고 비니까지. 껴입은 옷 탓에 몸이 굼떴다. 눈이 그치면 언제든 떠날 채비가 되어 있는 사람. 어쩌면 이곳은 천장 달린 바깥일지도 모른다는 생각이 들었다.
    생명력은 불투명하다. 숨을 내쉬면 뿜어져 나오는 유기물. 아직 이 안에 태울 것이 남아있다는 사실을 목격한다.

    날숨, 날숨, 날숨.
    쨍그랑. 쨍그랑.

## 아름다운 사유

"언제까지나 네가 빛나는 사람으로 기억될 거야."

"고마워요. 언니도 나한테 그런 사람으로 기억될 거예요.
그러니까 나 절대로 잊으면 안 돼요."

어떤 엔딩은 영원한 작별을 해내야만 하는 아름다운 사유가 된다. 이보다 더 나은 끝은 없다는 믿음과 아름다움이 망가질 것에 대한 허황된 두려움. 남겨둔 마음은 혀끝에서 위장으로, 슬픔의 해일에 휩쓸려 사라진다. 어금니에 남은 잔해 탓에 입 안에서 서걱거리는 소리가 났다. 모래알을 씹는 듯 스물여덟 개의 치아가 불편하게 느껴졌다.

아아. 영원이 된다는 것은 꼭 지구를 짊어지는 일 같구나. 어깨가 무너진다.

사람이 해낼 수 있는 영원은 소멸하는 것들에 한한다. 작별, 죽음 그리고 상실 따위의 것. 이 한시적인 몸으로 소멸하지 않는 영원을 해낼 리가 없지 않은가. 그 불가항력을 알기 때문에 우리는 더욱 영원을 갈망하는 것일 테다. 아름다움의 소실점. 미화된 애집. 과연 그것이 가치 있는 일인가. 헝클어트린 앞머리가 흘러 눈을 찌른다. 질끈.

그 누구도 영원의 깊이를
알지 못한다. 영원히.

**총기를 잃은 눈에서는
녹물이 흐른다.**


척추를 웅크리면 철근 같은 외로움이 살갗을 뚫는다. 슬픔을 쿨럭일 때마다 잿가루가 퍼엉 펑 터지고, 앙상한 팔모가지로는 제 몸 하나 지탱하는 것이 버겁다.

작별이란 자신을 붕괴시키는 것. 나는 아름답게 붕괴하는 법을 알지 못해 폐허가 되었나. 무너진 마음을 보며 빈번하게 슬픔을 느꼈다.

입으로, 코로, 눈으로, 귀로. 고독을 들이마신다. 혀를 토해내기 위해 목구멍의 뿌리까지 손가락을 쑤셔 넣는다. 살아있음을 감각하기 위해 고통으로 때우는 끼니. 산 사람은 살기 위한 슬픔을 해야 하는 법이니까. 총기를 잃은 눈에서는 녹물이 흐른다.

 기억의 어느 시점부터 귀갓길마다 엉엉. 짊어진 슬픔이 너무 무거운 탓에 발자국을 흥건하게 찍어내야만 걸음을 옮길 수 있었다. 질척질척 쉽게 떨어지지 않는 발걸음. 버얼건 눈으로 애써 눈물을 참아내던 언니가 눈에 아른거렸다. 너무 무거워서 버거울 만큼, 버티고 싶지 않을 만큼 절망은 희망을 포식해 살을 찌웠다. 새벽 내내 견딜 수 없는 절망을 느낄 때, 언니도 같은 절망을 느꼈겠지.

 우리는 각자의 공간에서 하염없이 무너져 내렸으리라. 처참하게, 비참하게.

"응."




　　　　　실오라기 같은 그리움으로 목을 묶고 절망 속을 마음껏 부랑하고 싶다. 어디로 가든 얼마나 멀어지든, 줄을 당겨 다시 회귀할 수 있도록. 이 한 평 방을 벗어나 언니의 기억이 없는 아무런 곳으로 고작 몇 걸음일지라도 디뎌보고 싶다. 외출을 마음먹기까지 얼마나 많은 눈물을 흘려야 했던가. 도무지 눈물 없이 할 수 있는 일이 아니라 흠뻑, 소매가 젖었다. 폐가 꺼질 만큼 심호흡을 했다. 한차례 눈물이 빠져나간 방에서 쿰쿰한 냄새가 풍겨오는 듯했다.

"다녀올게." 운동화 끈을 질끈 묶으며, 옆방에 잠든 하우스 메이트에게 말했다. 그녀는 잠에 취한 눈으로 고개를 일으켜 나를 응시했다. 눈을 뜬 것처럼 보이기도, 감은 것처럼 보이기도 했다. 도르륵 도르륵 눈알이 굴러가는 소리.

"잘 다녀와."

"응."

소리를 지르려고
조용한 곳을 찾아도
어차피 나가도 나는 못 할 텐데.
나는 왜 그 짧은 시간 슬픔을
참지 못하고
술렁이는 걸까.


데이먼스 이어, <재워>

## 낭만으로 멍든 가슴



 갈증. 텁텁해진 하늘. 식어버린 태양. 부서지는 들풀과 비쩍 마른 아스팔트. 공기 중에 날리는 먼지 탓에 목구멍에서 날 선 기침이 났다. 여러 정황을 비추어 보았을 때, 세계는 죽어가는 중이다.

 날카로운 턱뼈를 매만지며 움푹한 눈가에 고인 밤이슬을 보았다. 추적추적 요란하게 굴더니 얼굴을 채 적시지도 못했구나. 얄밉게 반짝거리는 눈가를 대충 비비적댔다.
 별것 아닌 일로 밤을 새우는 날이 잦아졌다. 예를 들어, 새벽이 너무 어두워서 또는 고요해서. 종종 숨소리마저 수면을 방해하는 요소가 되기도 했다. 그 탓인지 언제부터 인가 의식 중에 숨을 옅게

쉬는 버릇이 생겼다. 가끔, 작게 부풀어 오르는 이 생명을 손가락으로 쉽게 비벼 꺼트릴 수 있지 않을까, 하는 생각을 한다.

낭만이 깊이 멍든 가슴. 퍼런 부위를 지근지근 매만지며 고통을 만끽한다. 이 고통의 뿌리 부근에는 살아있음을 느끼게 했던 유일한 사람이 있다.
거울을 닮은 나의,

문득. 언젠가 냉장고에 남겨둔 싸구려 보드카가 생각났다. 새벽에 물을 마시고 아무렇게나 둔 유리잔을 대충 씻어 술을 채웠다. 아무래도 한 입거리 안주로는 쌉쌀한 것보다 부드럽고 달콤한 것이 좋겠지. 메뉴를 고민하기 위해 의자에 기댄 채 몸을 젖혀 앉았다. 천장을 응시한 동공을 천천히 굴리며 눈을 꿈뻑꿈뻑, 꿈뻑였다. 반 모금. 뜨겁게 식도를 타고 내려가던 알코올이 위장에서 차게 식는 것이 느껴졌다. 흉부에 잔뜩 끼어있던 성에 탓일까. 속눈썹 끝에 맺힌 새벽이슬이 차갑게 반짝였다.

 함께 올려다보던 하현달과 담장 너머에 피어 발길을 사로잡았던 라일락의 향기. 손바닥으로 함부로 칠한 듯한 먹색 구름. 언니를 대신하여 울어주던 빗줄기. 어두운 방에서 혼자 기척을 내던 블루투스 스피커와 그 진동에 몸을 기댄 채 술잔을 기울이던 언니와 나. 어쩌면 안주로 삼기에는 단물이 다 빠져버린 기억이지만, 그 잔재를 베어 물어 보드카와 함께 굴렸다. 두 모금, 세 모금. 취기가 오를수록 가슴에 낭만이 뛰었다.

 낭만이 뛸 때마다 멍으로 물드는 가슴.
 이 아름다운 것들이 나를 해할 리가, 없는데.

## 궤도


　　　　　이별쯤은 별거 아니라는 듯 언니는 내 곁을 맴돌았다. 어느 날은 슬픔이었다가 어느 날은 그리움이었다가. 외로움으로 사무쳤다가 들끓는 절망이 되었다가. 고독의 젖을 문 채로 방안을 부유할 때면 내 손목을 잡아끌어 당신의 품으로 꽈악 끌어안아 주고는 했다. 먹은 것을 다 소화할 때까지 등을 토닥토닥. 언니의 찬품에 안겨 눈을 감고 고독이 소화될 때까지 겨울의 숨을 들었다.

　느껴지는 냉기에 척추가 뻣뻣하게 경직되었다. 언니는 내 우는 뺨을 어루만지다가 살가죽밖에 남지 않은 나의 어깨에 턱을 기댔다. 숨소리마저 언니를 떠나게 할 빌미가 될까 봐 눈만 꿈뻑였다.

나는 궤도를 이탈한 것 같아요.

언니는 개의치 않는다는 듯 찬 손으로 나의 턱을 감싸 쥐었다. 어금니가 위아래로 부딪히며 듣기 싫은 소리를 냈다. 겨울이 오고 있다.

시간이 정상궤도를 벗어나 흐른다. 이곳은 과거도 현재도 미래도 아닌 어딘가. 지금은 이별하기 전일까, 후일까. 아니면 이별하지 않아도 되는 어떤 시간인가. 언니는 떠난 것도, 떠나지도, 올 것도 아닌 채 위성처럼 나의 곁을 맴돌았다. 울컥거리는 목울대를 움켜쥐고서 이마에 혈류가 쏠리는 것을 느꼈다. 슬픔을 한 데에 가두는 행위. 머리가 벌겋게 타오르면 머지않아 눈물이 새어 나올 것이다. 더 세게 움켜쥔다. 더 세게. 슬픔이 심장으로 새어 나갈 수 없도록.

**나의 세계**

"저, 언니한테 가능성 있어요?"

배꼽 아래부터 끓어오르던 욕심을 참지 못하고 당신을 사유하고 싶다는 마음으로 빈 잔을 채웠다.
혹은, 나를 사유해달라거나.

언니는 마시려던 술잔을 내려놓으며 천진하게 웃었다. 흘러내리는 머리칼 사이로 보이는 입꼬리가 어젯밤 우리 통화하며 올려다보았던 초승달 같았다. 머리를 쓸어 넘기던 손은 잘 빚은 도자기처럼 고왔다. 깔끔하게 정돈된 손톱과 흑진주 같던 동공. 옅게 패이던 인디언 보조개가 나를 안달나게 했다.

입술을 앙다문 채로 언니의 대답을 기다렸다. 하지만 짓궂게도, "화장실 다녀올게." 자리를 피하는 언니. 언니가 걸어가는 길을 따라 매혹적인 향이 강하게 남았다. 시야에서 뒷모습이 완전히 사라지고 나서야 가다듬는 호흡. 채워진 술잔을 한 모금에 비워내고 얼굴을 감싸 쥐었다. 두 뺨이 뜨거웠다.

언니는 나의 새로운 세상이었다. 아침에 눈을 뜨는 일을 기대하게 될 줄이야. 낯섦의 연속이었다. 콘크리트 바닥에 흐드러진 은행잎이 하트 더미로 보인다거나, 사계절 내내 푸르른 소나무가 되고 싶다거나, 어디를 가던 빈손으로 꽃집을 지나치지 못하는 사람이 되어버리거나 하는 일들. 모든 것이 유의미한 세상이라니. 이게 나의, 세상이라니.

그날. 언니는 대답하지 않았다. 대신 자주 웃었고, 첫차가 뜰 때까지 나와 시간을 보냈다. 술에 취해서 언니랑 키스가 하고 싶다느니, 한 번도 안 해봤으니 알려달라느니 따위의 우스운 말을 해도 언니는 마냥 웃었다. 세상은 아직 나를 허락하지 않았으나, 언니의 웃음을 허락받았다. 그 사실 만으로도. 충분히.

오랫동안 찾지 못했던 부품을 찾아 맞춘 듯 시간이 흐른다.
나는, 비로소 온전하다.

**어떤 의미**




"지금까지 살아온 것과 다른 삶을 살고 싶으면, 여태껏 하지 않았던 선택을 해."

언젠가 언니가 해줬던 말을 떠올리며 과거에서 현재로 발을 내딛기 위한 결심을 한다.
그러니까, 언니를 생각하기 위한 슬픔을 그만두고 혀끝에 고여있는 말은 삼켜버리고 언니를 떠올리는 일을 관두고 미련은 접어두고 과거의 일로 아파하는 일을 피하고 언니는 돌아오지 않는다는 것을 깨닫고 영원한 작별을 하고 이제는 겨울을 놓아주고.

여태껏 이런 것조차 해내지 못했다는 게,
도대체 어떤 의미인지.

## 찰흙 심장


봄이 오면, 녹는다. 겨우내 얼어 갈라진 심장이 점차 아물어간다. 울퉁불퉁 제멋대로 엉긴 모양새가 꼭 아이들이 가지고 놀다 버린 찰흙 같다. 나도 이 심장을 함부로 빚을 수 있다면 얼마나 좋을까. 목구멍으로 손을 삼켜 넣으면 손가락 끝에 심장이 닿을 것 같았다. 그럼, 꺼내서 마음껏 가지고 놀다가 으깨 버릴 텐데. 모가지를 꽈악 움켜쥐었다. 손이 하얗게 질렸다.

심장은 통점이 발달하지 않아서 고통을 느끼기 어렵다고 했는데. 그럼 이 감각은 환각인가. 흉부가 차갑게 느껴지기도, 뜨겁게 느껴지기도 했다. 뜨거운 동상 혹은 시린 화상. 의식할수록 몸집보다 커지는 아픔을 어쩌지 못했다.

비죽비죽 눈물을 흘리며 생각했다. 못생긴 내 심장. 이 가슴안에 든 것은 이미 누군가가 가지고 놀다 버린 것일지도 모른다고. 사실 쓰레기장에서 주워 온 심장으로 연명하고 있었던 거라고.

I'm Dying.

Maximilian Hecker, <Dying>

## 남겨두는 것은 곧,
## 남겨지는 것

　　　　분주한 손. 언니는 마치 사사로운 슬픔까지 모두 챙겨 떠나려는 듯 보였다. 테이블 위에 널브러진 슬픔을 꾸역꾸역 쓸어 담는 손이 "네 몫의 슬픔은 없어."라며 나를 응시하는 듯했다. 그 중에 내 몫이 아닌 것은 꼭 슬픔만이 아니었다. 고독과 외로움, 절망과 고통. 처절함과 탄식. 언니는, 그 작은 몸으로 들 수 있는 총량의 배가 되는 것을 짊어지고서 괜찮다고 말했다. 자신의 어깨와 미간이 하염없이 무너져 내리고 있다는 사실을 모르는 눈치다. 그렇게 남겨진 나의 몫은 언니가 정성껏 내려 둔 애틋함뿐이었다.

　하지만 남겨진 것은 결코 가볍고 쓸모없다는 이유로 버려진 게 아니다. 머얼리 떠나는 길, 애틋함 따위의 무거운 짐이 발목을 잡으면 안 되니 남겨둔 것뿐이지. 그래서. 언니의 품이 가벼워서 금방 돌아올지도 모른다고 생각했다. 챙긴 것들이 전부 소진되면 여기에 두고 간 짐들을 가지러 다시 돌아올 테니까.

먼 훗날 언젠가, 언니가 내 곁으로 왔을 때 함께 나누어 먹을 애틋함을 조금 남겨두어야겠다고 생각했다. 분명 허기가 질 테니까. 얼마 남지 않은 이것이 소진되기 전에 와야 할 텐데, 마음에 맺힌 잔량을 들여다보며 생각했다.

이제는 애틋함을 챙겨 먹지 않아도 그 맛을 느낄 수 있다.
남은 것은 전부 언니의 몫이니.
상하기 전에. 너무 늦기 전에.

## 끈질긴 봄


건조한 손으로 감싸 쥐고 있던 것을 한 모금 마신다. 날숨에서 배어 나오는 진한 카페인의 향. 숨을 깊이 내쉬며 향을 충분히 음미했다. 겨울이 전부 멸망하고 나면 죽음을 목격하는 일도, 그 여파로 악몽에 시달리는 일도 이제는. 내려놓을 수 있는 것일까. 얼굴을 감싸 쥐며 몸을 웅크렸다. 팔꿈치로 앙상한 갈비뼈의 촉감이 그대로 느껴졌다.

지난해, 겨울이 멸망하는 것을 관람했던 창가에 앉아 사월을 관음했다. 썩어 거름이 된 겨울과 그 위로 흐드러진 봄의 사체들. 연쇄적인 죽음을 목격하며 사라지는 것들에 의연해지는 법을 배운다.

'언니. 그거 알아요? 떨어지는 꽃잎을 한 번에 잡으면-'

기억은 껍질만 남긴 채 금세 바스러진다. 어쩌면 감히, 여전히 심장을 짓누르는 언니에 대한 애도도 올겨울을 끝으로 마무리할 수 있지 않을까. 기대감과 동시에 슬픔이 들었다. 저어 멀리 군중에게 짓밟히는 꽃잎을 망망히 바라보았다. 고독. 아름다웠던 것의 볼품없는 말로. 사방에 전시된 죽음을 보며 그저 마른 숨을 삼킨다.

검은 소매에 붙은 한 장의 벚꽃 잎을 보았다. 조심스레 떼어 빈 잔 옆에 두었다. 다시는 봄이 오지 않을 줄 알았는데, 끈질긴 봄이다.

자주 울던 시절이 있었습니다.
눈물을 흘려보내지 않으면 몸과 마음의 둑이 금방이라도 무너져 버릴 것만 같았어요.
문득 이게 우리의 초능력 같다는 생각이 들었습니다.
우리는 무엇보다 우는 걸 제일 잘했으니까.



윤종욱, <우리의 초능력은 우는 일이 전부라고 생각해> 민음사 인터뷰 중

언제까지나 네가 빛나는 사람으로 기억될 거야.

안녕.

이아로, 『사랑이 창백할 수도 있지』 중

「퇴고하지 않은 마음, 미완의 이별」을 퇴고하며

나가며,


위로하는 사람을 보며
슬픔을 빼앗아 간다는 생각을 한 적이 있다.
슬픔은 오롯이 나의 차지, 나의 생명력인데.

당신의 눈물을 침범하지 않을 테니
오랫동안 함께 울어요.
겨울이 멎어가니까요.

**저자 소개**

시아로

울음을 머금은 손으로 세 번의 겨울을 적었습니다.
마지막 페이지를 덮을 테니 나와 함께 울어요.
저서로는 『이렇게 새벽을 표류하다 아침을 맞이하겠지』와 『사랑이 창백할 수도 있지』가 있습니다.


@_fromaro

**베르가못 샤워**
STORAGE BOOK & FILM series #11

글 **이아로**

편집 **오종길, 이아로**
디자인 **김현경**

펴낸곳 **STORAGE BOOK AND FILM**
홈페이지 **storagebookandfilm.com**
이메일 **hbcstorage@gmail.com**

instagram **@storagebookandfilm**

초판 1쇄 **2022년 10월 28일**
초판 2쇄 **2025년 2월 28일**

*이 책의 내용의 전부 또는 일부를 재사용하려면
펴낸곳을 통한 저작자의 동의를 받아야 합니다.